Birgit Minichmayr

Pauli feiert Weihnachten

20 Schäfchengeschichten
für Kinder ab 3 Jahren

Bestell-Nr.: 52 50115
ISBN 978-386773-163-8
Alle Rechte vorbehalten
© 2012 cap-books by cap-music
Oberer Garten 8
D-72221 Haiterbach-Beihingen
07456-9393-0
info@cap-music.de
www.cap-music.de

Illustrationen: Tanja Vamos
Satz: cap-books, Rebecca Tetzlaff

Dieses Buch gehört:

_____

Ein Geschenk von:

_____

Inhalt

Halli-hallo!   7

Kitzeliges Heu   13

Pauli bekommt einen Auftrag   15

Gerade noch mal gut gegangen   21

Florian will dem Pauli ganz nahe sein   25

Für Ziegenböcke Eintritt verboten   29

Besprechung im Stroh   31

Wir sind dabei!   37

Der Schafadventskalender   39

Der Hirtenadventskalender   43

Eifrige Vorbereitungen   46

Wanderung ins Dorf   51

Otto ist nicht gefährlich   55

Der Esel läuft weg   60

Emil wird gefunden   63

Maria und das Jesusbaby   67

Das Jesusbaby   71

Weihnachtsmusik   73

Alle dürfen kommen   77

Danke, liebe Kinder!   81

Ein bisschen so wie Florian   85

Halli-hallo!

Wahrscheinlich hast du dieses Buch schon ein wenig durchgeblättert. Wenn ich ein neues Buch bekomme, dann schaue ich zuerst die Bilder an. Du auch? Ich mag es, wie der gute Hirte und seine kleine Schafherde in diesem Buch gemalt sind. Weißt du eigentlich, dass der Hirte Florian selbst auch so gerne malt? Ja? Dann hast du sicher das erste Buch vom schwarzen Schäfchen Pauli und seiner Familie gelesen. Denn da habe ich die Geschichte erzählt, wie Florian ein wunderschönes Bild von Pauli malt und die beiden es dann gemeinsam für Mama Wolliweiß als Geschenk einpacken.

Immer wieder holt der Hirte seinen Farbkasten, seine Pinsel und Papier aus der Malschachtel. Er hat dann ein besonders fröhliches Lächeln im Gesicht und seine Augen strahlen. Ja, jeder kann sehen, wie sehr er die Malerei liebt. Schon an der Art, wie er die Farben auspackt und die Pinsel in der Hand hält, kann der Pauli erkennen, wie groß die Freude seines Hirten ist. Und was Florian Freude macht, macht auch dem Pauli Freude – er hat seinen Hirten ja sehr lieb. Jetzt bist du sicher neugierig, welche Bilder

Florian, der Hirte, schon gemalt hat. Soll ich dir ein paar zeigen? Gerne! Also das hier ist das Bild von der wunderschönen braun-weißen Katze, die manchmal am Schafstall vorbeischlendert. Das ist doch schön geworden, oder? Fast kannst du die Katze schnurren hören.

Und hier ist das Bild vom Kirschbaum, als er in voller Blüte steht. Der Hirte liebt alles, was Blätter und Blüten hat.

Auf der nächsten Seite siehst du eines meiner Lieblingsbilder: Den abenteuerlustigen schwarzen Pauli, seine manchmal ängstliche Schwester Mariechen, Mama und Papa Wolliweiß und Oma und Opa Wolliweiß – alle gemeinsam draußen auf der Weide, nachdem der erste Schnee gefallen ist.

Hast du bemerkt, wie die Flocken sich sanft auf Paulis Fell legen? Das Bild ist gerade erst trocken geworden, denn Florian hat es erst vor ein paar Tagen gemalt. Ja, es ist Winter geworden. Die Schafe haben ein dickes Fell bekommen, das sie gut vor der Kälte schützt. Florian hat kein dickes Fell bekommen. Er muss, wenn er nach draußen geht, eine Jacke anziehen und seine rot-braun gestreifte Mütze.

Kitzeliges Heu

Es ist Winter und die Schafe des Hirten Florian können draußen kaum mehr Gras fressen. Dennoch müssen sie keinen Hunger leiden. Denn ihr Hirte hat vorgesorgt. Über dem Stall gibt es nämlich einen sogenannten Heuboden und dort oben ist ein großer Vorrat an Heu gelagert. Jeden Morgen klettert Florian eine Leiter hoch und mit einer großen Heugabel wirft er genügend Heu für alle hinunter in den Stall. Mama und Papa Wolliweiß, Oma und Opa Wolliweiß, Pauli und Mariechen stehen auf, strecken sich und fangen gleich an, ihr Frühstück zu knabbern. Pauli findet das Heu nicht so schlecht, aber auch nicht so gut wie das frische Gras. Trocken eben. Sehr trocken. Aber gesund ist es, meint Mama Wolliweiß, und wenn ein Schafbäuchlein Hunger hat, dann ist es genau das Richtige.

Einmal knabbert der Pauli einen besonders großen Halm. Der ist so lang, dass er bis zum Boden reicht. Pauli kaut und kaut. Der Geschmack ist eigentlich in Ordnung. Er kaut weiter. Auf einmal kommt ein Teil des Halmes in seine kleine Nase. Es kitzelt ganz stark. Da muss der Pauli niesen. Und gleich noch einmal. Und ein drittes und viertes Mal. Zehn Mal hintereinander niest er. Die ganze Schaffamilie hat sich rings um ihn versammelt, weil sie sich ein bisschen Sorgen macht. Als der Pauli mit dem Niesen fertig ist, schüttelt er seinen Kopf und lacht laut los. Da lachen natürlich alle mit. So eine Schaffamilie kann ganz schön fröhlich sein und der Pauli fühlt sich dann immer ganz wohlig und zu Hause. „Danke für meine Familie!", denkt er sich und dann läuft er mit Mariechen zum Spielen in den frischen, flockigen Schnee hinaus.

Pauli bekommt einen Auftrag

Ganz freundlich guckt Florian, der Hirte, aber auch ganz ernst. Er hat sich vor Pauli hingekniet und blickt ihm nun in seine braunen Schafaugen. „Pauli, ich habe einen wichtigen Auftrag für dich. Du bist ja nun schon ziemlich groß. Du weißt, du und deine Schaffamilie, ihr dürft euch auf der ganzen Schaf-weide frei bewegen. Manchmal ziehen wir auch zu einer anderen Wiese, dann gehe ich euch voran. Du vertraust mir, nicht wahr? Du weißt, dass ich es gut mit euch meine." Das schwarze Schäfchen nickt eifrig mit seinem wuscheligen Kopf. Dabei wackeln die beiden Ohren von einer Seite zur anderen.

„Also, die ganze Wiese hier ist erlaubtes Gebiet. Aber hinten bei den drei Fichten, da ist ja dieser tiefe Graben. Im Sommer ist der nicht gefährlich. Aber im Winter dürft ihr nicht dorthin gehen. Der Graben ist mit Eis und Schnee bedeckt. Du kannst nicht erken-nen, wo er beginnt. Glaube mir, es ist besser für euch, wenn ihr den drei Fichten fern bleibt. Geht nicht in ihre Nähe!"

Pauli hat verstanden. Er ist ja ein schlaues Schäfchen, das weißt du auch, nicht wahr?

Der Tag ist sonnig, trotzdem natürlich kalt. Die beiden Schafkinder tollen im Schnee herum und zupfen hier und da an einem Grashalm, der noch durch den Schnee lugt. Da hört Pauli mit seinen guten Ohren ein ungewohntes Geräusch: „Me-e-e!" Er wird neugierig. „Me-e-e!"

Da, am Zaun in der Nähe der drei Fichten, steht ein Ziegenbock. Pauli hat schon einmal Ziegen gesehen. Die waren aber kleiner und viel jünger gewesen. Dieser Ziegenbock sieht ganz alt aus. Er hat schon weiße Haare um sein ansonsten braunes Maul. „Na, ihr lieben kleinen Schafe? Habt ihr viel Spaß auf eurer Wiese?"

Pauli und Mariechen laufen näher heran. „Mäh, mäh! Ja, wir lieben den Schnee!" „Kommt doch näher heran, dann können wir uns besser unterhalten!" „Das geht leider nicht, Herr Ziegenbock! Der Hirte hat uns verboten, zu den drei Fichten zu gehen." „Aber warum denn? Me-e-e! Was seid ihr zwei doch für ängstliche Schäfchen. Was soll denn hier gefährlich sein?"

„Der Hirte hat gesagt, dass der tiefe Graben so versteckt ist unter dem Schnee, dass wir ihn nicht sehen können."

„Me-e-e!", meckert der Ziegenbock. „So ein Unsinn! Ihr seid doch schlaue Schäfchen! Ihr könnt den Graben auch im Winter erkennen. Dort drüben ist er doch! Kommt ruhig näher!"

Pauli will eigentlich gar nicht. Andererseits hat der alte Ziegenbock auch wieder recht. Ganz flach ist der Boden. Pauli ist doch schon groß. Er kann selbst entscheiden, wohin er gehen will und wohin nicht!

„Mäh! Mäh! Komm, Mariechen! Ein bisschen näher können wir schon zum Zaun. Ich bin mir sicher, uns wird nichts Schlimmes passieren!"

Was denkst du, wird Mariechen mitgehen? Ich hoffe, du bist recht mutig, denn in der nächsten Geschichte wirst du nun hören, wie es weitergeht.

Gerade noch mal gut gegangen

Schritt für Schritt stapfen Mariechen und Pauli vorsichtig durch den knirschenden Schnee. „Me-e-e!", meckert der alte Ziegenbock laut, „ihr beiden seid mutiger als ich dachte!" Ja, mutig, tapfer und stark will der Pauli sein. Mariechen hat nur eins im Sinn – ihrem Bruder in ein neues Abenteuer zu folgen. Sie findet ihn halt so toll! Noch ein Schritt. Noch ein kleiner Schritt. Nichts Gefährliches ist zu bemerken. Noch ein kleiner ... „Määäääh!" schreit da Mariechen jämmerlich und fällt tief hinab in den dunklen Graben. Obwohl sie vorsichtig waren, haben sie ihn nicht bemerkt. Ach, wie recht doch der Hirte hatte!

„Me-e-e! Wie dumm ihr seid!", ruft der böse Ziegenbock und läuft so schnell er kann davon. Er hat wohl Angst vor dem Hirten. Denn der kommt! Er hört Mariechen schreien und läuft mit Riesenschritten näher. Pauli guckt verzagt in das dunkle Loch vor ihm. Da unten ist sein Mariechen. Das wollte er doch nicht! Nun ist Florian da. Er beugt sich hinunter: „Mariechen, bist du verletzt?" „Mäh, mäh, mein linkes Vorderbein schmerzt! Und ich kann es nicht richtig bewegen!" „Hab keine Angst! Ich hole eine Leiter. Gleich bin ich wieder da!" Florian läuft so schnell er kann zurück zum Stall und kommt dann mit seiner Leiter wieder. Diesmal begleitet von Mama und Papa Wolliweiß. Besorgt sehen sie zu, wie Florian die Leiter in den Graben stellt und selbst hinunterklettert. Plumps! macht es. Florian ist unten gelandet. Er nimmt Mariechen auf seine Schulter und klettert vorsichtig die Leiter wieder hoch.

Die drei Schafe oben drängen sich um Florian und das kleine jammernde Mariechen. Florian hat Blut auf seinen Händen. Aber das kommt nicht von Mariechen. An der Wand des Grabens ist Dornengestrüpp. Er hat sich bei der Rettungsaktion wohl ziemlich zerkratzt. Pauli wird es ganz schlecht, als er das Blut sieht. Aber der Hirte ist nur besorgt um sein Schäfchen. Er untersucht das verletzte Bein. Dann trägt er Mariechen zum Stall und verbindet sie. Das kann er wirklich gut. Er macht ihr ein besonders weiches Bettchen aus Stroh und streichelt sie so lange, bis sie nicht mehr weint und eingeschlafen ist.

Mama und Papa Wolliweiß liegen dicht daneben und wärmen sie. Pauli hat zugeschaut. Aber er ist abseits stehen geblieben. Nun geht der Hirte zum Brunnen, um sich seine verletzten Hände zu waschen. Er umwickelt sie auch mit einem Verband. Genauso

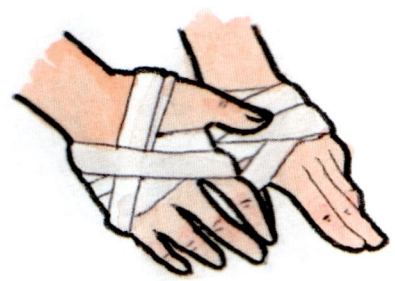

wie er es bei Mariechens Bein gemacht hat. Dann geht er weg.

Jetzt sieht Pauli etwas Schreckliches: Der Malkasten mit den schönen Farben liegt zerbrochen auf dem Boden. Der Hirte hatte wohl gerade gemalt, als das Unglück passierte. Hat er vor Schreck den Malkasten fallen lassen? Alles ist kaputt. Dabei hat der Hirte doch seine Farben so gern! Pauli drückt sich in eine finstere Ecke des Stalls. Keiner scheint ihn zu beachten. Er fühlt sich einfach nur schrecklich.

Ich glaube, es ist am besten, wenn du die nächste Geschichte auch noch hörst: Die ist nämlich besonders schön und tröstend! So geht es nun weiter:

Florian will dem Pauli ganz nahe sein

Pauli weint in seiner Ecke ganz leise vor sich hin. Alle anderen Schafe sind eingeschlafen. Da hört das schwarze Schäfchen, wie die Tür des Stalles aufgeht. „Pauli? Wo bist du?" Der Hirte kommt näher. „Ah, da ist ja mein Struwelpuwel!" „Mäh, mäh! Es ist alles meine Schuld. Ich weiß es. Und nun ist Mariechen verletzt, du auch, und deine teuren Farben sind alle kaputt! Es tut mir so leid!"

„Pauli, mein Pauli, wieso hast du vergessen, was ich dir gesagt habe?" „Mäh, mäh! Ich hab es nicht vergessen", murmelt das Schäfchen ehrlich, „ich wollte tun, was mir gefällt. Ich habe dem bösen Ziegenbock mehr geglaubt als dir. Kannst du mir verzeihen? Bitte!" Ernst schaut der Hirte sein Schäfchen an. Dann krault er mit der verbundenen Hand die wuscheligen Schafsohren. „Pauli, ich verzeihe dir. Alles ist wieder gut. Ich möchte, dass du aus diesem schlimmen Erlebnis lernst. Ich möchte, dass du auf mich hörst und mir vertraust. Immer mehr. Willst du das lernen?"

Pauli nickt heftig. Natürlich will er das. Er hat den Hirten doch lieb. Und außerdem hat er ja gerade heute erlebt, wie klug und stark Florian ist. Langsam und nachdenklich geht der Hirte wieder durch die Tür hinaus. Pauli weint wieder. Es tut ihm einfach so leid, was er getan hat. Er fühlt sich schrecklich allein.

Da öffnet sich die Tür wieder einen Spalt. Zuerst kann Pauli nur ein riesiges rot getupftes Kissen erkennen. Dann entdeckt er hinter dem Kissen seinen guten Hirten. „Ich habe mir gedacht, es ist besser, wenn ich dir in dieser Nacht ganz nahe bin. Nur so kann ich dich trösten. Nur so wird alles wieder gut." Florian legt sich neben Pauli einen großen Haufen Stroh zurecht. Dann kuschelt er sich in sein Kissen und Pauli kuschelt sich an die warme Hirtenjacke. Wie unglaublich gut ist dieser Hirte! Pauli kann es kaum glauben. Umgeben von so viel Liebe schläft das Schäfchen nun glücklich ein.

Für Ziegenböcke Eintritt verboten

Froh und glücklich wacht Pauli am nächsten Morgen auf und kitzelt seine kleine Schwester Mariechen mit einem Halm. „Pauli lass das, ich will noch schlafen!", murmelt sie und dreht sich um. Pauli ist aber gar nicht mehr müde. „Mal sehen, was Florian so macht!", denkt er und schlüpft aus dem Stall in die klirrend kalte Winterluft. Gut, dass er ein so warmes, kuscheliges Fell hat!

Pauli hört ein Geräusch aus dem Holzschuppen und wird neugierig. Was hämmert und klopft Florian denn so früh? Das schwarze Schäfchen tritt näher: „Mäh, mäh, guten Morgen! Mäh, mäh, was wird denn das?"

Der Hirte schlägt noch einmal mit einem Hammer auf einen Nagel, legt ihn dann zur Seite und betrachtet zufrieden sein Werk. Dann dreht er es um, damit sein Schäfchen es gut sehen kann.Ein großes hölzernes Schild mit einem dicken Pfosten: „Damit kann ich das Schild in die Erde stecken!", erklärt Florian. Auf dem Schild hat Florian in seiner schönen Schrift etwas geschrieben.

„Liest du mir bitte vor?", bettelt Pauli. Das lässt sich der gute Hirte nicht zweimal sagen. „Hier steht: Alle sind willkommen. Nur für böse Ziegenböcke ist der Eintritt strengstens verboten! Florian, der Hirte." So ist das also. „Ich werde dieses Schild nun dort vorn am Beginn der Weide in die Erde schlagen. Kommst du mit?" Pauli nickt eifrig. Er ahnt ja, dass ein guter Plan seines Hirten hinter diesem Schild steckt. So lieb hat Florian den Pauli und alle anderen Schafe, dass er sie immer beschützen möchte. Auch vor bösen Ziegenböcken. Das findet der Pauli richtig gut.

Besprechung im Stroh

„Komm, Pauli, mein kleiner Struwelpuwel! Wir wecken gemeinsam alle anderen Schafe auf – mit einem Lied! Was hältst du davon?" Das kleine schwarze Schäfchen ist natürlich begeistert. Zusammen öffnen sie die Tür zum Schafstall, schleichen sich leise hinein und dann singt zuerst der Hirte mit seiner tiefen Stimme. Als Pauli das neue Lied des Hirten einmal gehört hat, lässt er gleich dazu seine Mäh-mäh-Stimme erklingen:

„Guten Morgen, aufgewacht –
seht doch, wie die Sonne lacht!
Steht jetzt auf – denn wir sind da:
Pauli und sein Hirt – Hurra!"

Da recken und strecken sich Mama und Papa Wolliweiß, Mariechen hebt den Kopf und guckt hinter dem Bauch von Oma Wolliweiß hervor. Opa Wolliweiß gähnt laut.

„Meine liebe Herde, sammelt euch bitte um mich. Ich muss etwas mit euch besprechen!", ruft der Hirte. Das klingt ja interessant. Die Schafe scharen sich um ihren Hirten und lauschen aufmerksam seinen Worten: „Es ist Winter geworden und ihr erinnert euch sicher daran, dass die Menschen jedes Jahr in dieser Zeit ein großes Fest feiern: Weihnachten! In diesem Jahr haben sich die Einwohner unseres Dorfes hier etwas Besonderes ausgedacht. Sie wollen genau am Tag des Festes die Weihnachtsgeschichte spielen, sozusagen als Theater, aber mit echten Tieren und im Freien. Sie nennen das: ,Lebendiges Krippenspiel'."

„Weihnachtsgeschichte? Florian, erzähl doch mal!" Mariechen ist neugierig. „Tja, Mariechen, die Weihnachtsgeschichte ist keine erfundene Geschichte. Sie

beschreibt ein wirkliches Ereignis, das sich vor einiger Zeit zugetragen hat. Damals erwählte Gott, der Allmächtige, eine junge Frau. Sie hieß Maria. Sie war mit Josef verlobt. Gott schickte den Engel Gabriel zu ihr, um ihr zu sagen, dass sie die Mutter von Gottes Sohn werden würde. Das ist doch erstaunlich! Gott, der die ganze Welt erschaffen hat, machte sich ganz klein und wuchs als winziges Baby neun Monate lang im Bauch seiner Mama Maria. Kurz vor der Geburt mussten Maria und Josef dann wegen einer Volkszählung nach Betlehem reisen."

„Was ist eine Volkszählung?", wirft Mariechen ein.

„Der Kaiser Augustus wollte wissen, wie viele Menschen in Israel lebten. Deshalb musste jeder in seine Geburtsstadt ziehen und sich dort in eine Liste eintragen lassen. Als Josef und die hochschwangere Maria in Betlehem ankamen, waren aber keine Zimmer mehr frei. Wo sollten sie jetzt hin? Marias Kind würde bald kommen! Sie fanden einen Stall. Dort waren sie nun zwischen den Schafen, Eseln und Ochsen. Und dann gab Gott in der Stille der Nacht der Welt sein größtes Geschenk: Jesus, seinen Sohn. Maria und Josef wickelten ihn in Windeln und legten ihn in das Stroh der Futterkrippe. Sie staunten: ‚Gott, du bist gekommen, um bei uns zu leben!'"

Mariechen staunt auch: „Und das alles ist wirklich wahr?" „Ja, Mariechen, das alles ist wirklich so passiert. Damit die Menschen von nun an nie mehr vergessen, wie lieb Gott sie hat, feiern sie jeden Winter das Weihnachtsfest!" Da hat der Pauli nur noch einen Gedanken in seinem Kopf: Er will auch gerne Weihnachten feiern – genauso wie du, liebes Menschenkind!

Wir sind dabei!

Der gute Hirte Florian hat den Schafen von Maria, Josef und dem Jesusbaby erzählt – und von der tollen Idee, im Dorf ein „lebendiges Krippenspiel" aufzuführen. Das soll so aussehen: Eine Frau und ein Mann verkleiden sich als Maria und Josef. Sie haben ein echtes Baby dabei und dürfen in einem echten Stall das Baby in eine echte Futterkrippe legen. Das klingt doch echt, echt, echt struwelpuwel-fantastisch!

Und nun stellt der Hirte eine ganz wunderbare Frage: „Liebe Schafe! Wollt ihr gerne mitmachen und die Schafe sein, die zu dem neugeborenen Gottessohn in den Stall kommen?"

Stille. Alle sind sprachlos. Sogar der Pauli. Was für eine Ehre! Dann springen alle zugleich auf – auch der alte Opa Wolliweiß – und viele laute Rufe sind durcheinander zu hören: „Juchu!", „Sicher sind wir dabei!", „Super!", „Ja, ja, ja, ja!", „Juppi-duppi-du!" (das ist der Pauli). „Wir werden die besten Schafe im Stall von Betlehem sein, die es je gegeben hat!"
Pauli läuft schnell eine große Runde um seine Familie und stupst dabei jeden einzelnen von hinten

an. Das sieht Mariechen und bei der nächsten Runde ist sie mit dabei. Ihr Beinchen ist wieder gut verheilt. Aber natürlich kann sie noch nicht so schnell laufen wie Pauli. Der Pauli bemerkt das und er weiß ja auch, warum Mariechen verletzt ist. Sogleich bremst er ein wenig ab. Ja, so ist das Tempo auch für Mariechen in Ordnung. Zu zweit laufen und laufen sie, bis sie völlig außer Atem ins weiche Stroh fallen. Alle finden es gut, dass die beiden so vergnügt sind und ihre Freude zeigen!

„Was für ein Spitzenabenteuer!", murmelt der Pauli und kuschelt sich lächelnd an seine Schwester Mariechen.

Der Schafadventskalender

Jeden Tag fragt nun das schwarze Schäfchen Pauli seinen Hirten: „Ist heute der Weihnachtstag? Oder morgen?" Florian freut sich über die Freude und Begeisterung seines Schäfchens. Er möchte ihm die Wartezeit leichter machen. Und so kommt es, dass Florian eines Abends ganz lange bastelt, während alle Schafe schon längst schlafen.

Am nächsten Morgen wacht der Pauli auf, springt auf seine Schafbeine, läuft hinaus und stellt die Frage aller Fragen: „Ist heute der Weihnachtstag? Oder morgen?" Da lächelt der Hirte geheimnisvoll. Er krault sein Schäfchen hinter den Ohren und zeigt dann bedeutungsvoll auf die Seitenwand des Schuppens. Dort entdeckt Pauli eine lange, dicke, rote Schnur. An der roten Schnur hängen viele bunte Säckchen an dünnen grünen Bändern. Sie sind so niedrig festgemacht, dass Pauli

daran schnuppern kann. „Beiß doch mal das erste grüne Band durch!", fordert Florian den Pauli auf.

Pauli schüttelt den Kopf. Nein, nein, ein Schaf darf doch nicht ein Band kaputt machen! Doch, doch, nickt der Hirte, es darf! Aha. Na dann: Als Pauli das Band durchbeißt, fällt das erste Säckchen zu Boden und zwei leckere Karotten kommen zum Vorschein. „Die darfst du jetzt gleich mit Mariechen teilen. Jeden Tag sollst du ab heute immer morgens hierher kommen und ein Band durchbeißen. Nur eines, das ist wichtig! Wenn das allerletzte Säckchen von der Schnur fällt, dann ist Weihnachten!" Was für gute

Ideen der Hirte Florian doch hat! Ein Schafadvents-kalender! Hast du auch einen Adventskalender? Mit Karotten drin? Nein? Schade. Aber Schokolade ist ja auch nicht schlecht. Du kannst sicher gut verstehen, wie sehr der Pauli sich freut. Und das Mariechen auch.

Der Hirtenadventskalender

An einem sonnigen Dezembertag kommt Felix zu Besuch. Felix ist der Junge aus dem Dorf und ein guter Freund von Florian und Pauli. Das war nicht immer so, ist aber so geworden und darüber sind alle froh. Aber was ist denn das? Felix schleppt eine große Schachtel mit sich. Sie passt gerade eben durch das Gartentor. Von Felix sieht man nur noch die Augen, die Arme und Beine und seine grüne Pudelmütze. Schnaufend bahnt er sich den Weg durch den Schnee zum Stall. Dort stellt er die Kiste mit einem lauten Plumps zu Boden.
Florian tritt näher: „Hallo, Felix! Schön, dass du da bist. Herzlich willkommen! Ja, was hast du denn da mitgebracht?" Felix grinst. Langsam öffnet er die Schachtel. „Es ist ein Geschenk für dich, Florian. Habe ich selbst gemacht – ein Adventskalender!"

Felix zieht eine lange braune Schnur aus dem Karton. Viele goldene und rote Päckchen sind daran befestigt. Uiiii – das sieht spannend aus! Pauli macht einen Luftsprung vor Begeisterung. Mariechen schnuppert neugierig an einem goldenen Päckchen. Der Hirte lächelt. Da meint Mama Wolliweiß: „Der soll

gleich neben dem Schafadventskalender im Schuppen hängen!"

Alle Schafe marschieren nun feierlich hintereinander in den Schuppen. Dort muss Felix erst einmal den Säckchenadventskalender bewundern. Der ist ja auch wirklich schön. Dann wird der Hirtenadventskalender mit fünf Nägeln gut an der Wand fest gemacht. Poch, poch, poch! sind die Hammerschläge zu hören. „Uns geht es aber gut!", ruft Florian laut und öffnet das erste Päckchen. Gibt es bei dir zu Hause auch zwei Adventskalender? Wirklich?

Das ist ja toll! Und würdest du gerne wissen, was Florian in dem ersten Päckchen findet? Soll ich es verraten? Ja? Florian löst ganz vorsichtig das schöne rote Papier von einer kleinen Schachtel. Dann öffnet er die Schachtel und zieht einen selbstgemachten Schafschlüsselanhänger heraus. Ist das nicht eine gute Idee? Mit so einem großen Anhänger wird er seinen Schlüssel sicher immer ganz schnell finden. Das Schlüsselanhängerschaf sieht ein bisschen aus wie das Lieblingsschaf von Felix. Und das ist der Pauli!

Eifrige Vorbereitungen

Das Weihnachtsfest rückt immer näher. Die Spannung steigt. Der Hirte beginnt sich auf das große Ereignis vorzubereiten. Kannst du dir vorstellen, wer da mit Feuereifer mithilft? Ja, genau – der Pauli! Und auch sein Schwesterchen Marie. Zuerst laden sie Holzstücke in den Schubkarren. Damit wollen sie am Weihnachtstag ins Dorf fahren und dort ein Lagerfeuer machen. Das wird sie alle wärmen, von außen und auch irgendwie von innen – im Herzen ...

Es ist schon sehr schön, in die Flammen zu schauen, wenn es rundherum so kalt ist. Pauli und Mariechen schleppen ein Holzstück nach dem anderen heran und schon bald ist die Schubkarre randvoll.

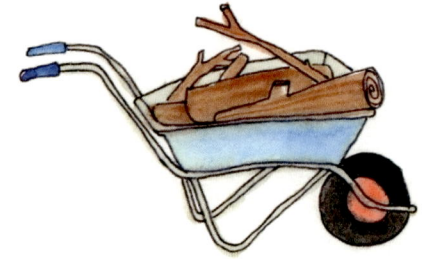

„Bravo, das habt ihr gut gemacht!", lobt Florian die Schafgeschwister. „Nun wollen wir meinen Rucksack packen." Aha. Pauli und Mariechen trippeln neugierig hinter dem Hirten her. Der öffnet seinen großen blauen Rucksack und legt allerlei Nützliches hinein: Zündhölzer, Zeitungspapier (zum Feuermachen), das große, dicke Buch, eine Decke, Handschuhe, ein Säckchen Bonbons. „Die sind für die Kinder, die zu uns ins Dorf kommen werden." Pauli wüsste zu gern, wie so ein rundes Bonbon schmeckt. „Können nicht Schafe auch Bonbons bekommen?" Der Hirte überlegt. „Nein, ich glaube, Bonbons sind für Schafe nicht geeignet. Wir schenken sie lieber den Kindern!" Schade. Pauli ist ein bisschen enttäuscht, weil er ja alles liebt, was irgendwie neu und aufregend ist.

Doch da macht der Hirte einen Vorschlag: „Pauli, Mariechen, ihr könntet mir heute helfen, Schafkekse zu backen!" Pauli schaut Florian fragend an: „Schafkekse?" „Schafkekse sind Kekse, die mit der Hilfe von Schafen gebacken werden und ebendiesen auch sehr gut schmecken. Auch Kinder lieben Schafkekse. Deshalb werden wir sehr viele davon brauchen." Da laufen die beiden Schäfchen begeistert eine Runde um den Hirten herum und folgen ihm dann in seine kleine Küche.

Den ganzen Nachmittag helfen sie beim Schafkeksebacken: Mehl staubt überall, Eierschalen kleben am Boden, Paulis schwarzes Schaffell ist zuckrig weiß, aber überall duftet es herrlich nach frischem Gebäck. Drei große Dosen werden am Schluss mit

Keksen gefüllt. Sterne, Herzen und allerlei andere Formen. Und dann gibt es noch einen Teller mit Schafkeksen zum Kosten – für die Familie Wolliweiß. Warm schmecken sie eigentlich am besten. Findest du nicht auch?

Wanderung ins Dorf

Irgendwann ist es dann soweit. Pauli beißt das letzte grüne Bändchen durch. Das Säckchen plumpst zu Boden und zwei Äpfel kullern heraus. Mmmmmmh – lecker! Pauli bringt seiner Schwester einen davon. Du denkst dir jetzt sicher, Pauli isst nun seinen Apfel. Aber leider geht das nicht. Er ist viel zu aufgeregt dafür. Heute ist der Tag, auf den er so lange gewartet hat! Heute ist Weihnachtstag!

Sehr viel Kribbeligkeit ist da plötzlich in seinen kleinen Schafbeinen. Deshalb hüpft und springt er tüchtig im Schnee herum. Erst als er völlig außer Puste ist, kehrt er in den Schafstall zurück. Der Hirte Florian ist schon gekommen. Den Rucksack hat er sich umgeschnallt, die warme Mütze auf dem Kopf: „So, meine liebe Herde, nun werden wir losziehen. Es ist nicht sehr weit bis zum Dorf, dennoch bitte ich gerade die jüngeren unter euch – er sieht Pauli und Mariechen ernst an – nahe bei mir zu bleiben. Da seid ihr sicher." Oh ja! Das weiß der Pauli inzwischen schon gut. Ganz nahe beim Hirten ist der beste Platz der Welt, wohin auch immer er sie führen wird!

Florian öffnet die Tür und macht die ersten Schritte hinaus ins Freie. Die Schaffamilie folgt ihm. Draußen nimmt der Hirte den Schubkarren und los geht es – einen kleinen Weg entlang zwischen schneebedeckten Wiesen. Der kleine Weg wird breiter und breiter. Schließlich mündet er in eine Weide, die ganz nahe am Dorf liegt. Pauli kann die vielen Häuser und Straßen sehen. Aus manchen Schornsteinen steigt Rauch auf. Einige Menschen sind schon am Weidezaun und erwarten den Hirten mit seiner Herde. Alle haben bunte Mützen auf dem Kopf. Handschuhe und Schals halten sie gut warm.

Florian und die Familie Wolliweiß betreten die Weide, schließen das Gatter hinter sich und suchen einen Platz für das Lagerfeuer. Denn das Lagerfeuer wird als erstes angezündet. Ah, ja, hier ist ein guter Ort. Nur wenige Meter neben einem Stall aus grauem Lärchenholz. Florian schichtet das Zeitungspapier aus dem Rucksack und ein paar Holzstückchen zu einem kleinen Haufen. Dann zündet er das Papier an. Bald schon knistert es und die ersten Flammen züngeln empor. Die Schafe stehen um das Feuer und freuen sich.

Da flüstert der Hirte plötzlich: „Bitte erschreckt nicht, gleich werdet ihr ein riesiges Tier sehen, so groß, wie ihr es noch nie zuvor gesehen habt!" Alle Schafe drehen sich um. Und alle erschrecken. Obwohl der Hirte gesagt hat, sie sollen nicht erschrecken. Aber dieses Tier sieht einfach zu unheimlich aus ...

Wenn du wissen möchtest, was für ein Tier auf die Dorfweide gebracht wird, dann musst du ganz schnell die nächste Geschichte lesen ... oder dir vorlesen lassen ...

Otto ist nicht gefährlich

Der Kopf ist so riesig. Und der Bauch erst. Auch der Rücken ist mächtig und schwer. Mariechen wirft nur einen Blick auf das Tier, dreht sich um und läuft dann in die hinterste Ecke der Weide. Pauli ist schon mutiger. Oder er hat schon mehr gelernt. Nämlich, dass der sicherste Ort immer nahe beim Hirten ist, egal wie groß die Gefahr auch scheinen mag. Deshalb versteckt sich Pauli nur in den Falten des Hirtenmantels. Mama, Papa, Oma und Opa Wolliweiß reihen sich in wenigen Augenblicken hinter dem Hirten in einer Linie auf.

Da passiert noch etwas: Das riesengroße Tier stößt einen fürchterlichen Laut aus: „Muuuuuuuhhhhh!" Pauli schüttelt sich vor Entsetzen. Doch der Hirte Florian lacht fröhlich: „Keine Angst, meine Lieben, das ist Otto, der Ochse! Ich habe euch doch erzählt, dass in der Weihnachtsgeschichte auch ein Ochse vorkommt. Jesus wurde ja in einem Stall geboren, in dem auch Tiere lebten. Zum Beispiel ein Ochse. So wie unser Otto hier. Ich kenne Otto schon lange. Er gehört einem befreundeten Bauern. Er ist lieb, frisst Stroh und tut niemandem etwas zu leide."

Nach diesen Worten streckt Pauli vorsichtig seine Nase aus dem wolligen Hirtenmantel und schaut den Ochsen noch einmal an. Ja, es stimmt, seine Augen wirken sehr sanft und nun beginnt er an ein paar Grashalmen zu kauen, die zwischen dem Schnee hervorlugen. Pauli wagt es, einige Schritte näher zu kommen. „Hallo du, Otto, ich bin der Pauli! Ich bin ein Schaf. Ich darf bei diesem lebendigen Krippen-spiel mitmachen. Du auch, nicht wahr?"
„Muhh, muhh, ja, ja", brummelt der Ochse mit tiefer Stimme. „Ich bin auch dabei! Was ist das doch für eine Ehre!"

Pauli nickt und schaut sich nach seinem Hirten um. Doch der ist nicht mehr da! Wo ist er denn? Kannst du dir vorstellen, wo der Hirte hingegangen ist? Es gibt einen ganz bestimmten Ort, wo der gute Hirte nun schnell hinlaufen muss. Genau – in die hinterste Ecke der Weide, wo Mariechen noch immer einsam hockt und sich die Augen zuhält. Schon ist er bei dem weißen Schäfchen angekommen. „Mariechen, mein Schatz, Otto ist gar nicht gefährlich. Komm, vertraue mir, ich will dich zu ihm tragen und euch beide bekannt machen." Mariechen wischt sich ein Tränchen ab und springt in die ausgebreiteten Arme des guten Hirten. Der drückt seine Nase in das weiche Fell und trägt Mariechen wieder zurück zum Lagerfeuer. Dabei singt er ihr das Hirtenlied vor, das sie ja schon so gut kennt:

„Du bist mein besonderer Schatz,
ich helfe dir!
Du bist mein besonderer Schatz,
bleib nur ganz nah bei mir!"

Da hört sie, wie Otto dichtet:

„Muhh, muhh, ich bin Otto, keine Kuh,
bin ein Ochse, knabb're froh
an des Kindes weichem Stroh!"

Dieses Gedicht des Ochsen Otto versteht Mariechen nicht, aber es klingt zumindest lustig, als er es mit grummeliger Stimme vorträgt und so muss sie, sicher im Arm des Hirten, ein bisschen kichern.

Der Esel läuft weg

Also, langweilig ist es an diesem Weihnachtstag ganz bestimmt nicht. Kaum haben sich alle Schafe mit Otto, dem Ochsen angefreundet, da öffnet sich wieder das Gatter. Ah, ein bekanntes Gesicht! Das ist doch Lukas, der Freund von Florian. Und er hat Emil mitgebracht! Was für eine Wiedersehensfreude! Mit Emil haben Pauli und seine Familie einen ganzen Sommerurlaub am See verbracht. Emil, der Esel! Grau und freundlich wie immer begrüßt er ein Schaf nach dem anderen.

Dann sieht Emil das Lagerfeuer. O weh, denkt der Pauli, im Sommer hatte Emil ja Angst vor Feuer. Gleich steht Pauli neben seinem Freund und lehnt beruhigend seinen Kopf an dessen Schulter: „Du, Emil, hab keine Angst! Das ist nur Feuer. Unser Lagerfeuer. Das tut dir nichts! Du musst ja nicht so nahe herangehen. Es sieht von hier auch hübsch aus!" Das ist aber lieb von Pauli, dass er seinen Freund gleich tröstet und ermutigt!

Ich weiß nicht, ob alle Esel so sind, aber der Emil jedenfalls ist ein sehr ängstlicher Esel. Vielleicht hat ihn ja einmal ein Kind erschreckt oder schrecklich geärgert? Auf jeden Fall kommen nun Kinder aus dem Dorf und stehen am Gatter. Sie reden und lachen. Es werden immer mehr. Da zittert Emil plötzlich und rennt los. Einfach so, noch bevor Lukas oder Florian etwas machen können. Emil rennt auf den Weidezaun zu. Und dann passiert etwas Ungeheuerliches. Emil konzentriert sich. Er läuft schneller. Noch schneller. Der Zaun kommt immer näher. Emil springt mit all seiner Kraft und es sieht aus, als würde er über den Zaun fliegen, so hoch springt er. Er landet sicher auf der anderen Seite des Zauns. Dann läuft er bis zum Waldrand und verschwindet zwischen den Bäumen.

Emil wird gefunden

Emil ist fortgelaufen. Lukas und Florian sehen sich an. Einer muss Emil suchen und zwar sofort! Aber in dieser fremden Umgebung können sie auch die Schafherde nicht ohne einen Hirten lassen. „Ich bin jünger und schneller als du, Lukas. Bleib du bei meinen Schafen, ich laufe los und suche Emil!" Lukas nickt und schüttelt – noch immer ganz überrascht von dem Unglück – den Kopf. Da meldet sich der Pauli: „Florian, bitte nimm mich mit. Ich kann echt superschnell rennen und Emil vertraut mir! Ich bin sein Freund." Der Hirte ist einverstanden. So düsen die beiden los, durch das Gatter in Richtung Waldrand. Alle blicken ihnen stumm hinterher, auch die Kinder am Weidezaun.

Im Schnee können Florian und Pauli die Spuren des flüchtenden Esels gut erkennen. Sie brauchen nur der Spur zu folgen, dann werden sie ihn sicher irgendwann einholen! Pauli bemüht sich, mit dem Hirten Schritt zu halten. „Emil, Emil!", ruft dieser mit lauter Stimme. Da hören sie plötzlich ein jämmerliches „I-aaah, I-aaah!" Gleich werden sie Emil finden! Ganz sicher! Sie kommen an eine kleine Waldlich-

tung und dann sehen sie den Esel. Kennst du diese Stellen im Wald, wo die Rehe im Winter gefüttert werden? Ja? Da wird Heu und Stroh in eine große Futterkrippe gefüllt. Hinter so einer Fütterungsstelle hat sich Emil versteckt. Seine großen Ohren sind zu sehen. Und ein zaghaftes „I-aaah" ist zu hören.

Florian nähert sich vorsichtig dem verschreckten Tier. „Emil, hab keine Angst. Ich bin's. Der Hirte Florian. Weißt du noch, wir waren doch zusammen an dem schönen See! Vertrau mir! Ich bringe dich sicher zu Lukas zurück! Haben dich die Kinder so erschreckt?"

Da nickt der Esel heftig mit dem Kopf und stammelt dann: „Ja, j-a, ja! Kinder sind gefährlich! Sie hauen Esel. Sie schreien ganz grässlich. Sie werfen mit Steinen auf Esel!" „Aber, Emil, haben dich denn Kinder schon einmal mit Steinen beworfen?" Emil nickt. „Ja, haben sie."

Oh weh. Da meldet sich Pauli zu Wort: „Emil, es sind nicht alle Kinder gefährlich. Es gibt auch ganz liebe Kinder, glaube mir. Ich habe solche getroffen. Die pflücken Grashalme und stecken sie mit ihren kleinen Händen durch den Zaun, damit die Tiere sie fressen können. Nicht, dass wir uns das Gras nicht auch selbst auszupfen könnten, aber sie wollen einfach freundlich sein."

„Und dann nehmen sie einen Stein und hauen mir den Stein auf den Kopf!"
„Nein, struwelpuwel-ey! Nein, nein. Die Kinder hier sind sicher ganz nette Kinder!" Der Hirte Florian streichelt dem armen Emil die Mähne: „Das tut mir leid, was dir passiert ist. Möchtest du versuchen, deine Angst zu überwinden? Dann kannst du heute noch erleben, dass es auch ganz liebe Kinder gibt. Ich kann dir helfen." Florian wartet und streichelt den Esel weiter. Pauli wartet auch und tritt dabei ein

wenig ungeduldig von einem Bein auf das andere. Sie warten. Und warten. Dann seufzt Emil laut auf und stupst den Hirten mit seiner weichen Nase an. „Also los, ich will es versuchen. Du gehst voran!" Florian gibt Emil noch einen ermutigenden Klaps auf den Hals. Dann stapfen sie zu dritt zurück zur Dorfweide. Die Kinder winken fröhlich, als sie dort ankommen, eines öffnet sogar gleich hilfsbereit das Gatter. Und dann versammeln sie sich alle rund um das Lagerfeuer, nahe beim Stall.

Maria und das Jesusbaby

Ein Mädchen kommt auf die Weide. Oh – sie ist bestimmt das hübscheste und liebste Mädchen, das Pauli je in seinem Schafleben gesehen hat. Sie hat lange braune Haare und trägt ein langes, helles Kleid. Auf den schönen Locken ist ein Tuch befestigt, mit einer grünen Verzierung am Rand. Sie gibt dem Hirten zur Begrüßung die Hand: „Hallo, ich bin Lucia. Ich darf heute die Maria spielen. Ich habe nämlich vorige Woche ein kleines Brüderchen bekommen. Deshalb haben sie mich wohl ausgesucht, weil ich dann gleich das Jesusbaby mitbringen kann." Sie lächelt bescheiden und freundlich. „Nein, deshalb haben sie dich nicht ausgewählt, sondern weil niemand so schön und so nett ist wie du", denkt sich der Pauli.

„Freut mich sehr, dich kennenzulernen, Lucia. Ich bin Florian, der Hirte. Und das hier ist meine kleine Herde: Mama, Papa, Oma und Opa Wolliweiß, Marie-chen und mein kleiner Struwelpuwel." Hat der Hirte gerade Struwelpuwel gesagt? Pauli heißt doch Pauli! Also so etwas ... Pauli legt den Kopf schief und sieht seinen Hirten vorwurfsvoll an.

„Ähm, er heißt Pauli, der kleine Struwelpuwel!"

„Pauli, was für ein hübscher Name!", erwidert das Mädchen mit den schönen lockigen Haaren. Pauli kann es kaum fassen. Sie findet seinen Namen hübsch! Vielleicht findet sie ja auch ihn selbst hübsch! Vielleicht wird das ja eine ganz und gar hübsche Freundschaft! Pauli tritt mutig näher und legt seinen Kopf auf Lucias Knie.

„Bist du aber ein liebes Schäfchen! Freust du dich auch so wie ich, dass du heute hier mitmachen darfst? Nein, wie hübsch und weich doch dein schwarzes Fellchen ist!" Pauli wird es fast schwindelig. So nett ist die! Sie findet ihn hübsch und lieb zugleich! Doch da drehen sich alle zum Gatter, denn es öffnet sich ein weiteres Mal.

Das Jesusbaby

Eine freundlich aussehende Frau mit einem Bündel im Arm kommt heran. Lucia läuft ihr leichten Schrittes entgegen. „Mama, da bist du ja! Schläft er?" Ah, das ist wohl das Brüderchen! Die „Hauptrolle" Lucia, nimmt der Mutter das in Leinentücher gewickelte Baby ab und zeigt es dem Hirten: „Schau mal, Florian, das ist mein Bruder Jonas. Er darf heute das Jesusbaby spielen. Ist er nicht süß?" „Ja, das ist er." Florian streichelt sanft über die rosigen Wangen.

Jonas schläft tief und fest. Lucia wiegt ihn leicht hin und her. Pauli möchte am liebsten auch hin und her gewiegt werden. Ach, könnte er doch die Hauptrolle spielen! Das wäre schön! Mariechen reißt ihn aus seinen Tagträumen: „Sieh mal dort, ich glaube das ist der Josef!" Tatsächlich kommt ein großer Mann mit einem braunen Bart zum Feuer. „Hallo, alle zusammen! Ich bin Andreas und soll heute den Josef spielen."

Ja, er sieht wie ein richtiger Josef aus. Mit Hut und Bart und einem langen, braunen Umhang – irgendjemand hat ihn richtig gut verkleidet. Sogar einen

Stock hält er in der einen Hand und eine Laterne in der anderen. Auch er ist fasziniert von dem Neugeborenen. „Ist das ein liebes Baby!" Er stellt die Laterne ab und streichelt das kleine Näschen. „Weck ihn nur nicht auf", flüstert Lucia. Inzwischen ist es dämmrig geworden. Immer mehr Menschen versammeln sich am Weidezaun. Eine feierliche Stimmung breitet sich aus. Bald ist es soweit ...

Weihnachtsmusik

Nun kommen fünf Kinder durch das Gatter zum Stall. Zwei haben eine Holzflöte in ihren Händen. Diese Instrumente kennt der Pauli. Immerhin hat sein Hirte auch so eine und kann darauf ganz wunderbar spielen. Die drei Mädchen und zwei Jungen stellen sich zum offenen Stalleingang und beginnen eine feierliche Musik zu spielen. Die zwei Flöten stimmen ein Lied an, dann setzen drei Kinderstimmen ein, so hell und klar, dass der Pauli entzückt ist. Auch alle Menschen, die aus dem Dorf gekommen sind, werden still. Sie hören zu. Es sind bekannte Weihnachtslieder, die die Kinder vortragen.

Pauli hört immer wieder den Namen Jesus oder Maria in den Liedern. Auf jeden Fall erinnert sich das Schäfchen plötzlich an eine seiner kleinen Freundinnen: Constanza, das Hasenmädchen. Letzten Sommer hatte er ein paar wunderbare Nachmittage mit Constanza verbracht. Da hat der Hirte Flöte gespielt und Pauli durfte mit ihr tanzen. Ja, du hast richtig gehört – tanzen! Pauli kann das. Vielleicht sieht es nicht gerade aus wie in einer Ballettstunde, aber es macht dem Schäfchen Spaß. Er kann so am besten seine Freude an der Musik ausdrücken. Deshalb beginnt es auch an diesem besonderen Weihnachtstag in seinen Beinen zu jucken. Er möchte sich im Takt der froh klingenden Töne bewegen. Er schließt die Augen. Bald hat er alles um sich herum vergessen. Er läuft hin und her, er dreht sich im Kreis, er wippt mit der Musik.

Da alle Menschen, der Ochse, der Esel, der Hirte Florian und auch alle Schafe auf die musizierenden Kinder schauen, bemerkt niemand den Tanz des

Schäfchens. Niemand? Nein, es gibt ein Augenpaar, das Pauli folgt. Es sind Lucias Augen. Sie sieht das Schäfchen. Sie ist erstaunt. Ja, geradezu begeistert. Was ist das doch für ein besonderes Schäfchen! Und als Pauli fertig getanzt hat und sich auf den Rücken in den Schnee fallen lässt, um weiter der Musik zu lauschen, da hockt sich Lucia neben ihn und flüstert: „Das war toll, Pauli! Dir gefällt wohl die Weihnachtsmusik sehr, nicht wahr?" Pauli öffnet erschrocken die Augen. Er hat ja ganz vergessen, dass hier so viele Menschen sind.

Lucia betrachtet ihn freundlich mit ihren schönen braunen Augen: „Weihnachtsmusik ist so besonders, weil sie von einem so einzigartigen Ereignis berichtet. Hat dir Florian schon davon erzählt?" Pauli nickt heftig. Ja, hat er. Maria und Josef und Jesus. Gott mitten unter den Menschen. Und Schafen.
Es ist dunkel geworden. Lucia schaut in die Sterne. Pauli auch. Eine wunderbare Nacht.

Alle dürfen kommen

Weißt du, wer an diesem Abend jedem einzelnen sehr viel Freude gemacht hat? Ein ganz kleiner Mensch – der Jonas. Und das kam so:
Die Weihnachtslieder sind verklungen. Der Ochse Otto und der Esel Emil haben sich in den Stall begeben. Beide Stalltore sind weit offen. Andreas und Lucia mit Jonas auf dem Arm setzen sich auf den Boden in das Stroh. Der Stall ist sanft beleuchtet. Jonas schläft gut und fest. Nun wird das Gatter geöffnet und alle Menschen treten langsam und feierlich näher. Im Halbkreis stehen sie nun rund um den Stall.

Florian und seine Schafe lagern um das Feuer daneben. Da packt Florian sein großes, dickes Buch aus. Er steht auf. Freundlich lächelt er die Menschen an, besonders die Kinder. Dann schlägt er das Buch auf und beginnt vorzulesen. Dieselbe Geschichte, die der Hirte seinen Schafen im heimatlichen Stall mit eigenen Worten erzählt hat, erklingt nun in dieser festlichen Nacht. Du hast sicher schon längst erraten, welches Buch der Hirte Florian mitgebracht hat, nicht wahr? Vielleicht hast du ja auch so eines

daheim? Das fände ich schön! Alle hören gut zu.
Als die Stelle kommt, wo Maria ihr Kind in die Futterkrippe legt, da bettet auch Lucia das Baby Jonas
vorsichtig in die bereitgestellte Krippe. Ja, so können
sich alle gut vorstellen, wie das damals gewesen sein
könnte. Als Florian fertig ist, sagt er: „Gott hat uns
so lieb. Er will uns ganz nahe sein. Seht euch dieses
Baby an. So klein hat sich Gott gemacht – für uns."
Da löst sich ein vielleicht fünfjähriges Mädchen von
der Hand seiner Mama und tritt ganz nahe zu Maria,

Josef und dem schlafenden Jesusbaby. Es streichelt zärtlich und sanft die winzige Wange und flüstert: „Danke, Gott!" So mutig und ehrlich. Da trauen sich auch alle anderen. Sie treten nacheinander zu dem Baby. Manche berühren es, manche schauen es nur liebevoll an. Es sind wunderschöne andächtige Augenblicke. Und Jonas schläft. Und lächelt im Schlaf. Und weiß gar nicht, wie sehr er das Weihnachtsgeschenk dieses Abends ist.

Danke, liebe Kinder!

Der Hirte lächelt geheimnisvoll und holt drei große Dosen aus seinem blauen Rucksack. Es sind schöne Blechdosen mit goldenen Sternen drauf. Da fällt es Pauli wieder ein: Das sind ja die Schafkekse, die Mariechen, Florian und er gemeinsam gebacken haben! Florian öffnet die erste Dose und bietet dem kleinen Mädchen neben ihm ein Weihnachtsherz an. Sie freut sich. Und so geht die Weihnachtsdose ihre Runde und alle dürfen sich bedienen. Bald ist in der Stille fröhliches Lachen und Plaudern zu hören. Allen schmeckt es prima.

Ja, was ist denn das? Paulis Freund Felix schleppt mit zwei anderen Jungen einen riesigen Korb heran. Pauli und Mariechen sind neugierig. Sie kommen näher und schnuppern. Mmmmhhh. Das duftet ja herrlich! Felix kippt den Korb um. Da kullern  ganz viele Karotten, Äpfel und harte Brotstücke auf die schneebedeckte Erde. Pauli läuft das Wasser im Mund zusammen. „Liebe Schafe, lieber Emil, lieber

Otto!" Emil und Otto schauen aus dem Stall. „Wir Kinder vom Dorf haben gesammelt – jeder hat eine Karotte oder einen Apfel oder Brot beigetragen. Wir wollen uns bei euch bedanken. Ihr habt toll mit-gemacht!" Felix nimmt ein paar Karotten und geht damit in den Stall, vorbei an der freundlich lächeln-den Maria, direkt zu Emil. Der freut sich. Er mag

Karotten sehr. Emil guckt zu Pauli und Pauli guckt zu Emil. Beide wissen, was dieser Blick bedeutet: „Siehst du, es gibt doch auch nette Kinder!"

Otto bekommt seinen Teil und bald kauen auch alle Schafe genüsslich. Die zwei Flötenkinder spielen noch ein paar Weihnachtslieder. Richtig gut machen sie das. Und dann wird es leider Zeit für alle, nach Hause zu gehen. Am Weihnachtsabend gibt es auch zu Hause viele wunderbare Geheimnisse und Über-raschungen, nicht wahr?

Pauli sieht Lucia verträumt an. Wie schön sie die Maria gespielt hat! Sie beugt sich noch einmal zu dem schwarzen Schäfchen hinab, krault ihn hinter den Ohren und flüstert: „Ich besuche dich bald mal – du bist wirklich ein ganz besonders liebes Schaf!" Da ist Pauli getröstet. Er wird warten. Sie wird kommen, da ist er sich ganz sicher. Aber dieses schöne Maria-kostüm mit dem Kopftuch wird sie dann wohl nicht tragen. Macht nichts. Hauptsache, sie kommt!

Lukas marschiert mit Emil los, der Bauer holt Otto ab. Florian macht ein paar Schritte und ruft seine Schäfchen einzeln mit Namen: „Papa Wolliweiß! Mama Wolliweiß! Pauli! Mariechen! Oma Wolliweiß!

Opa Wolliweiß!" Da folgen sie ihm auf dem dunklen
Weg. Aber sie haben keine Angst. Er ist ja da.

Ein bisschen so wie Florian

Auch der 25. Dezember ist ein wunderbarer Tag für den Hirten Florian. Da erwartet er nämlich jedes Jahr Besuch. Geschäftig läuft er hin und her, um alles festlich vorzubereiten. Ein leckerer Braten schmort im Ofen und das beste Porzellan steht auf dem Tisch. Auch Kerzen dürfen nicht fehlen und die Servietten mit dem roten Apfelmuster schmücken die Teller. Pauli und Mariechen drücken sich die Nasen an der

Fensterscheibe platt, weil sie alles ganz genau beob-
achten möchten.

Gerade eben holt der Hirte ein winziges Tannen-
bäumchen aus dem Schuppen. Er trägt es neben den
Tisch und schmückt es mit Sternen aus Schaffutter
(du weißt schon, das sind „Strohsterne!") und gelben
Bienenwachskerzen. Das sieht sehr hübsch aus. Der
Hirte stapft noch mal nach draußen. Da kann sich
Pauli nicht mehr zurückhalten und betritt die Küche.
Er schnuppert an dem Bäumchen. Riecht nach Baum,
also ganz normal. Dann knabbert er ganz vorsichtig
an dem Stern aus Schaffutter. Schmeckt nach Stroh.
Oh, er hat nicht bedacht, dass der Stern an einem

Bändchen am Baum befestigt ist. Der beginnt nun gefährlich zu wackeln. Hoppla! Gerade noch rechtzeitig springt der Hirte durch die Tür und fängt das Bäumchen auf. „Pauli, im Stall ist wirklich genügend Futter für dich und deine Familie! Du musst nicht die Strohsterne von meinem Weihnachtsbaum fressen!" Dann tätschelt er Paulis Kopf. Er ist gar nicht böse. Ist ja auch nichts passiert. Aber selbst wenn schlimme Dinge passieren – Pauli ist sich ganz sicher, dass Florian ihn trotzdem immer noch gern hat. Er denkt an das Erlebnis mit dem Ziegenbock, an den

Graben, das verletzte Mariechen, den zerbrochenen Malkasten. Als er an die Nacht denkt, in der Florian mit seinem rot getupften Kissen zu ihm in den Stall kam, um bei ihm zu schlafen und ihn zu trösten, da wird ihm ganz warm innen drin. Florian hat doch gesagt, dass Gott ein Menschenkind wurde, um den Menschen ganz nahe zu sein. „Ein bisschen ist dieser Gott so wie unser Florian", murmelt das schwarze Schäfchen. „Voller Liebe. Wie mein Hirte." Pauli blickt zu Florian hoch und Florian lächelt ihn an: „Weihnachten ist ein wunderschönes Fest, nicht wahr, mein kleiner Struwelpuwel-Pauli?"

Jetzt wirst du dich aber freuen, wenn ich dir noch Folgendes erzähle:
Die Besucher sind alle gekommen. Da war auch Lukas, der alte Hirte, dabei. Ihm hat Florian schon vor Weihnachten von der Geschichte mit dem Graben und dem verletzten Mariechen erzählt. Mariechen läuft übrigens inzwischen wieder genauso schnell wie Pauli. Alles ist prima verheilt. Also, Lukas ist gekommen und hat für Florian ein Weihnachtsgeschenk mitgebracht. Ein schönes Päckchen. Möchtest du wissen, was darin war? Ja? Neue Malfarben! Und neue Pinsel dazu!
Deshalb darfst du dir nun zum Schluss das Bild

anschauen, das Florian am Weihnachtstag gemalt hat. Ich finde es super. Hier ist es:

Tolle Lieder und Geschichten über Pauli:

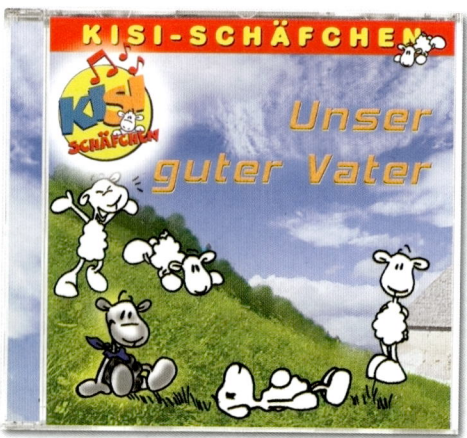

Unser guter Vater

CD 52 05012

Pauli, das schwarzgraue Schäflein, ist der vorwitzigste Spross der Schaffamilie Wolliweiß. Immer wieder wird er in Abenteuer verwickelt. Zum Glück gibt es den guten Hirten Florian - der weiß immer Rat und hilft gerne.
Viele Lieder und kurze Geschichten für Kinder ab 3 Jahren.

Weihnachten mit Pauli

CD 52 05011

Pauli, das schwarzgraue Schäflein, ist der vorwitzigste Spross der Schaffamilie Wolliweiß. Weitere Lieder und neue Geschichten mit Pauli zum Anhören, z.T. mit weihnachtlichem Inhalt und als Mini-Musical für Kleine aufführbar. Für Kinder ab 3 Jahren.

Birgit Minichmayr

Alle mögen Pauli

Buch 52 50112

Das erste Pauli-Buch. Pauli ist ein kleines schwarzes Schäfchen. Er ist
neugierig und geht gerne auf Erkundungstour in seiner Umgebung.
Pauli hat seine Familie Wolliweiß sehr lieb. Und ganz besonders den
Hirten Florian. Der beschützt seine Schafe und hat immer wieder Ideen,
wie er seinen Schäfchen helfen oder eine Freude bereiten kann.

Birgit Minichmayr

Pauli macht Urlaub

Buch 52 50114

Pauli ist ein ganz besonderes liebes Schäfchen: neugierig, fröhlich, abenteuerlustig. Vielleicht ist er ja auch ein bisschen so wie du! Jedenfalls hat er eine tolle Familie und einen guten Hirten, der immer für ihn da ist. Eines Tages darf er sogar eine kleine Urlaubsreise machen: das findet Pauli natürlich „struwelpuwel-cool"!